VENTE

DE

DESSINS & PASTELS

MINIATURES, GOUACHES

DE L'ÉCOLE FRANÇAISE

Le Mercredi 26 Novembre 1862

Mᵉ **Charles LAINNÉ**, Commissaire-Priseur.

M. DHIOS, Expert.

RENOU ET MAULDE

MPRIMEURS DE LA COMPAGNIE DES COMMISSAIRES-PRISEURS

Rue de Rivoli, 144

CATALOGUE

D'UNE JOLIE COLLECTION

DE

DESSINS

MINIATURES, GOUACHES

De l'École Française du XVIIIe siècle

PASTELS, AQUARELLES

DE L'ÉCOLE MODERNE

DONT LA VENTE AUX ENCHÈRES PUBLIQUES AURA LIEU

HOTEL DES COMMISSAIRES-PRISEURS

Rue Drouot, n° 5

SALLE N° 4

Le Mercredi 26 Novembre 1862, à 2 heures précises.

Par le ministère de Me **Charles LAINNÉ**, Commissre-Priseur,
rue Richer, 49;

Assisté de M. **DHIOS**, Expert, rue Le Peletier, 33,

CHEZ LESQUELS SE DISTRIBUE LE PRÉSENT CATALOGUE

EXPOSITION PUBLIQUE

Le MARDI 25 Novembre 1862, de midi à cinq heures.

1862

CONDITIONS DE LA VENTE

Elle sera faite au comptant.

Les Acquéreurs paieront CINQ pour CENT en sus du prix d'adjudication.

DÉSIGNATION

DES DESSINS

SAINT-AUBIN.

1 — Portrait de Robespierre. (Dessin rehaussé.)

BAZIN.

2 — Épisodes de l'histoire du premier Empire. (Deux pendants. — Aquarelles.)

DU MÊME.

3 — Environs de Paris. (Gouache.)

BOILLY (L.).

4 — Tête de jeune fille. (Dessin au crayon noir.)

BONNINGTON (R.-P.). Signé.

5 — Sujet tiré de l'histoire des Gaules. (Aquarelle.)

BOSIO. Signé 1801.

6 — **Le Chien savant, charmante scène d'intérieur. (Aquarelle.)**

BOUCHER (F.). Signé.

7 — **Paysage orné de figures. (Gouache.)**

BOURDON (Sébastien).

8 — Repos de la Sainte Famille. (Gouache.)

CALLIOTT (Wall). Signé 1831.

9 — Paysage. (Aquarelle.)

CARESME.

10 — Nymphes surprises par un satyre.

DU MÊME.

11 — Pendant du précédent.

CARMONTEL.

12 — Portrait d'une Jeune femme en costume de l'époque de Louis XVI.

DU MÊME.

13 — La Baronne et Turcaret. (Aquarelle sur vélin.)

DU MÊME.

14 — La mère Robi et Rose. (Aquarelle sur vélin.)

DU MÊME.

15 — Javotte et M. Toupet. (Aquarelles sur vélin.)

CHARDIN. Signé 1768.

16 — Ustensiles de cuisine et légumes. (Deux pendants. — Pastels.)

CHARLET.

17 — Suite de dix dessins à la mine de plomb. Épisodes de l'histoire du premier Empire, tirés du *Mémorial de Sainte-Hélène*.

Ce numéro sera divisé.

CLAVEAU (E.). 1860.

18 — Les petits Pêcheurs.

DU MÊME.

19 — Vue du pont de Neuilly.
(Deux pendants. — Gouaches.)

COIGNET (J.). Signé.

20 — Étude d'arbres et rochers (Mine de plomb.)

DECAMPS.

21 — Étude d'un Matelot castillan. (Dessin au crayon noir.)

DECAMPS (École de).

22 — Jeune femme au sérail. (Aquarelle.)

DAVID (Louis).

23 — Cérémonie du mariage de Napoléon.

DU MÊME.

24 — Cérémonie du baptême du roi de Rome.
(Deux dessins très-capitaux formant pendant. — Encre de Chine et plume.)

DROUAIS.

25 — Portrait d'un Enfant de France. (Pastel.)

DUJARDIN (Karel).

26 — Personnages hollandais. (Étude à l'encre de Chine.)

EISEN (Charles).

27 — L'Éducation maternelle. (Dessin rehaussé.)

DU MÊME.

28 — Le Concert champêtre.

29 — Danse villageoise.

(Deux charmants dessins à la sanguine, formant pendant.)

FINART.

30 — Napoléon Ier passant une revue. (Aquarelle.)

FRAGONARD (Honoré).

31 — L'Heureuse famille. (Sépia.)

GARNIER H. (D'après Ary Scheffer).

32 — La Retraite de Russie. (Lithographie.)

GAVARNI.

33 — Une jeune Tyrolienne. (Aquarelle.)

GUDIN (Théodore). Signé.

34 — La Sortie du port. (Aquarelle.)

HARDING.

35 — Entrée de la Tamise. (Très-belle aquarelle.)

DU MÊME.

36 — Bateaux pêcheurs rentrant au port. (Aquarelle.)

DU MÊME.

37 — Vue de Portsmouth. (Aquarelle.)

HOGAARTH.

38 — L'Arrivée à la ferme. (Aquarelle.)

HUET (J.-B.).

39 — Bergère conduisant des bestiaux.

DU MÊME.

40 — Pendant du précédent. (Traits rehaussé.)

JACQUAND. 1862.

41 — Bandit italien. (Dessin au crayon noir.)

KAISER. Signé.

42 — Moine prêchant, scène sous la premiere république. (Plume et aquarelle.)

LARGILLIÈRE.

43 — Portrait d'une jeune dame de qualité. (Dessin à l'encre de Chine sur vélin.)

LAVRINCE. Signé 1784.

44 — L'agréable passe-temps. (Aquarelle.)

LEDOUX (Mlle).

45 — Jeune fille tenant une colombe. (Dessin rehaussé.)

LÉPICIÉ.

46 — Les petits Joueurs de cartes et les petits Joueurs de billes. (Deux pendants. — Encre de Chine rehaussé.)

LOO (Van).

47 — Portrait de Mlle Beau-Meiry, première chanteuse de l'Opéra en 1772. (Dessin au crayon noir.)

MALLET (Louis).

48 — La Résistance inutile. (Aquarelle.)

DU MÊME.

49 — La Leçon de musique.

DU MÊME.

49 *bis* — La Leçon de danse.

(Deux jolis pendants. — Aquarelles.)

MARVY (L.).

50 — Vue d'une ville de Normandie. (Aquarelle.)

MOREAU (J.-M.). 1770.

51 — Jeune dame tenant un éventail. (Sépia.)

DU MÊME.

52 — Suite de cinq Portraits en pied représentant des Jeunes femmes en divers costumes de l'époque de Louis XVI. (Dessins coloriés.)

Ce numéro sera divisé.

DU MÊME.

53 — Intérieur de parc, orné de figures. (Aquarelle.)

NATOIRE. Signé. 1735.

54 — La jolie Bouquetière. (Pastel.)

PAPETY (Dominique). 1856.

55 — Tête de moine. (Étude au crayon noir.)

DU MÊME.

56 — Pâtre italien. (Étude au crayon noir.)

PARIS (J.). Signé.

57. — Marché d'animaux. (Pastel.)

PERCIER.

58 — Intérieur d'un temple grec. (Aquarelle).

PREVOST (Eugène). 1835.

59 — Étude de dahlia. (Aquarelle sur vélin.)

PRUD'HON (P.-P.). 1792.

60 — Orphée venant réclamer Eurydice aux enfers. (Superbe dessin à l'encre de Chine, rehaussé de blanc.)

DU MÊME.

61 — Type oriental. (Dessin à la plume.)

RAMELET (Ch.). Signé.

62 — La Leçon de flûte. (Dessin à la mine de plomb, rehaussé de rouge.)

REYNAUD.

63 — Les petits Savoyards. (Aquarelle.)

REYNOLDS.

64 — Portrait d'un jeune prince anglais. (Dessin qui a dû servir pour la gravure, crayon noir rehaussé.)

RUYSDAEL (Salomon).

65 — Vue d'une rivière de Hollande chargée de barques ornées de figures. (Encre de Chine.)

SANTERRE.

66 — Portrait d'une Courtisanne. (Encre de Chine).

TERBURG (G.).

67 — Tête de jeune seigneur. (Étude au crayon noir.)

TRINQUESSE.

68 — Portrait de Madame Élisabeth pinçant de la harpe ; devant elle le petit Dauphin. (Gouache.)

VERNET (HORACE).

69 — Scène populaire. (Croquis à la plume.)

DU MÊME.

70 — Types militaires. (Croquis.)

WATTEAU (ANTOINE).

71 — Joueurs de guitare. (Sanguine).

WILKIE.

72 — Un Philosophe. (Dessin à la mine de plomb.)

ZIEM. Signé.

73 — Vue du grand Canal de Venise. (Aquarelle.)

PASTELS

ANDRÉ.

74 — Jeune marquise tenant une perruche.

DU MÊME.

75 — Jeune fille ayant une couronne de fleurs sur la tête.

BROCHART.

76 — Les deux Sœurs. (Très-beau pastel du maître.)

BROCHART.

77 — Jeune fille tenant une couronne de fleurs à la main.

CHIAPORI.

78 — Le Souvenir.

DAUTEL.

79 — La Demande.

DU MÊME.

80 — La Réponse. (Pendant du précédent.)

DE L'ÉTANG.

81 — Allégorie du Printemps.

DU MÊME.

82 — Allégorie de l'Été.

DUPUIS DELAROCHE.

83 — L'âge des fleurs.

DU MÊME.

84 — L'âge des bijoux. (Pendant du précédent).

DU MÊME.

85 — La Dame au masque.

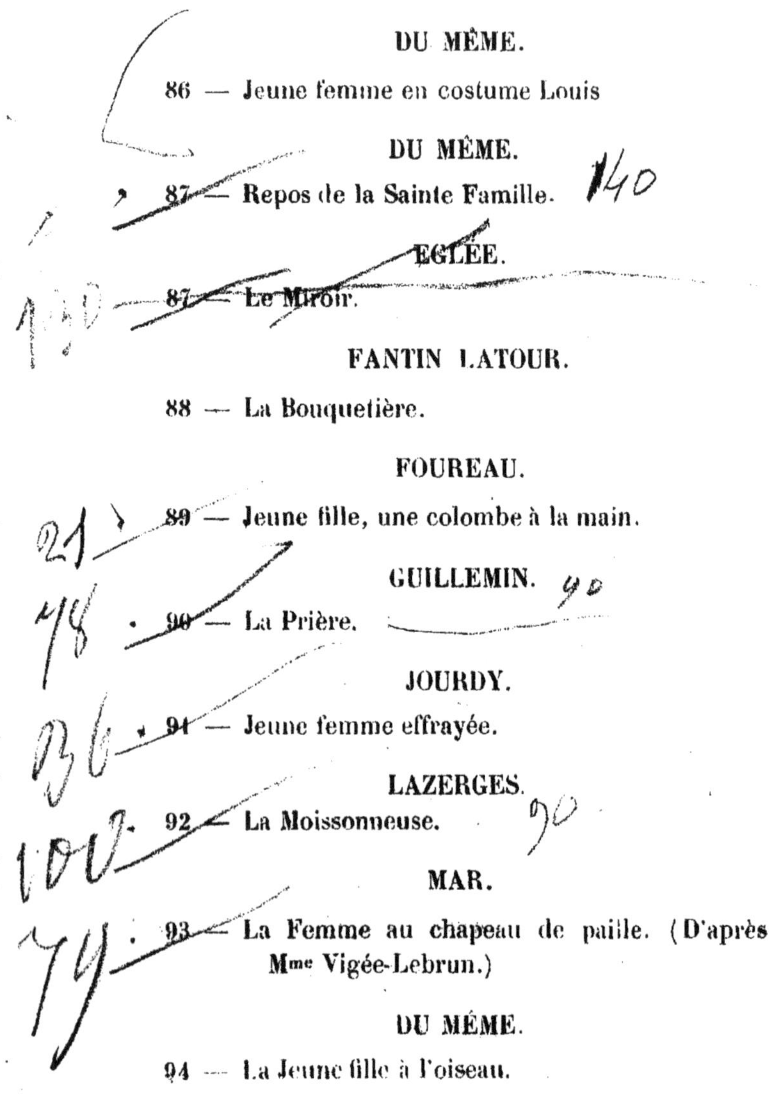

DU MÊME.

86 — Jeune femme en costume Louis

DU MÊME.

87 — Repos de la Sainte Famille.

EGLÉE.

87 — Le Miroir.

FANTIN LATOUR.

88 — La Bouquetière.

FOUREAU.

89 — Jeune fille, une colombe à la main.

GUILLEMIN.

90 — La Prière.

JOURDY.

91 — Jeune femme effrayée.

LAZERGES.

92 — La Moissonneuse.

MAR.

93 — La Femme au chapeau de paille. (D'après Mme Vigée-Lebrun.)

DU MÊME.

94 — La Jeune fille à l'oiseau.

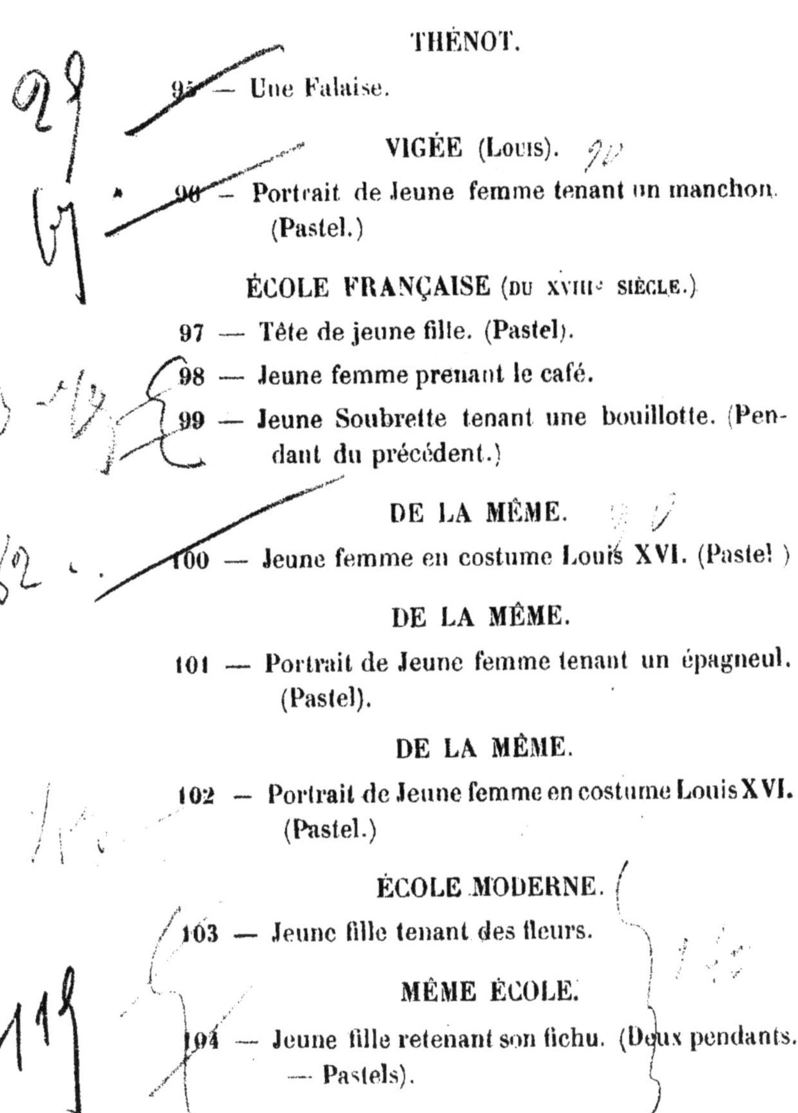

THÉNOT.

95 — Une Falaise.

VIGÉE (Louis).

96 — Portrait de Jeune femme tenant un manchon. (Pastel.)

ÉCOLE FRANÇAISE (DU XVIIIe SIÈCLE.)

97 — Tête de jeune fille. (Pastel).

98 — Jeune femme prenant le café.

99 — Jeune Soubrette tenant une bouillotte. (Pendant du précédent.)

DE LA MÊME.

100 — Jeune femme en costume Louis XVI. (Pastel.)

DE LA MÊME.

101 — Portrait de Jeune femme tenant un épagneul. (Pastel).

DE LA MÊME.

102 — Portrait de Jeune femme en costume Louis XVI. (Pastel.)

ÉCOLE MODERNE.

103 — Jeune fille tenant des fleurs.

MÊME ÉCOLE.

104 — Jeune fille retenant son fichu. (Deux pendants. — Pastels).

ÉCOLE MODERNE.

105 — La Dame à l'œillet.

106 — La Dame à l'éventail.

107 — Richesse et pauvreté.

108 — Jeune dame en costume de chasse.

109 — Jeune femme tenant un lapin.

110 — Jeune femme tenant un mouton.

MINIATURES

CHARLIER.

111 — L'Amour découvrant Vénus.

DEGAULT (Signé.)

112 — L'Hymen dans le temple de l'Amour.

DROUAIS.

113 — Portrait d'enfant la main appuyée sur un épagneul.

DUMONT.

114 — Portrait de Mme Gonthier, actrice au Théâtre-Français.

HALL.

115 — Portraits du petit Dauphin et de la princesse de Lamballe. Petits médaillons peints dans un paysage.

KLINGSTEDT.

116 — La douce Résistance.

DU MÊME.

117 — Jeune dame tenant une perruche

LARGILLIÈRE.

118 — Portrait de Marie-Thérèse.

LEPRINCE (XAVIER).

119 — Marche d'animaux.

NATTIER.

120 — Portrait de Louis XV en costume de guerrier.

SANTERRE.

121 — Suzanne et les Vieillards.

SPAENDONCK (VAN. Signé).

122 — Lièvre et oiseaux morts dans un paysage.

SAUVAGE.

123 — Le Souvenir filial.

SIGNÉ V. B.

124 — La Promenade dans le parc.

SIGNÉ D'UN MONOGRAMME 1628.

125 — Portrait d'un Seigneur de la cour d'Henri IV. (Miniature sur vélin.)

ÉCOLE FLAMANDE.

126 — Portrait de Philippe IV, roi d'Espagne. (Miniature d'un fini précieux).

ÉCOLE FRANÇAISE.

127 — Portrait de Mlle de La Vallière, en pénitente.

Miniature sur vélin. Au bas, on voit le chiffre de Mlle de La Vallière surmonté d'une couronne.

MÊME ÉCOLE.

128 — Portrait de Marie-Antoinette, sur une tabatière en écaille piquée d'or.

ANCIENNE ÉCOLE GOTHIQUE.

129 — La mort de Charles VII.

MÊME ÉCOLE.

130 — Intérieurs français au XVe siècle. Miniature d'un travail précieux, sur vélin.

131 — Sous ce numéro seront vendus quelques objets non désignés.

Renou et Maulde, imprimeurs de la Compagnie des Commissaires-Priseurs, rue de Rivoli, 144 17131

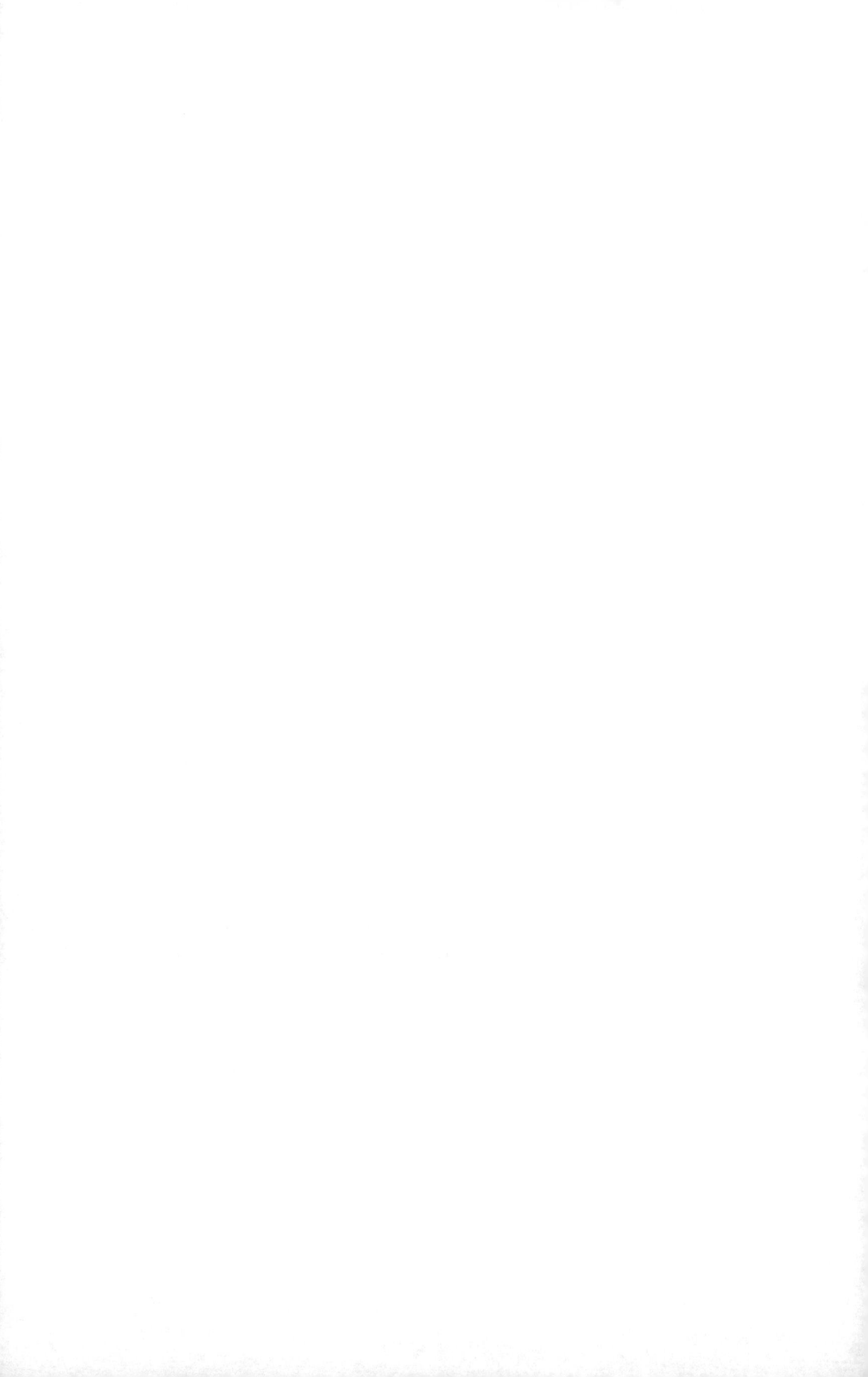

www.ingramcontent.com/pod-product-compliance
Ingram Content Group UK Ltd.
Pitfield, Milton Keynes, MK11 3LW, UK
UKHW021044260726
13994UKWH00005B/2350